SONNE · MOND
UND · STERNE

- *Erstes Lesealter*
- *Große Schrift*
- *Viele Illustrationen*
- *Bekannte Autoren*

Kirsten Boie

King-Kong, das Reiseschwein

Zeichnungen von
Silke Brix-Henker

Verlag Friedrich Oetinger · Hamburg

1.

„Nimm das Vieh da weg!" sagt Papa, als Jan-Arne mit King-Kong zum Abendbrot kommt. „Wenigstens beim Essen will ich meine Ruhe vor dem Schwein haben!"
„Och, Papi!" sagt Jan-Arne. King-Kong ist sein Meerschweinchen-Weibchen, und er hat es noch gar nicht so lange.
Mama findet King-Kong auch schon nett. Sie

gibt ihm immer all die alten Salatblätter und Kohlstrünke und Gurkenschalen. Aber Papa, der würde King-Kong am liebsten wieder rausschmeißen.
„Allein in meinem Zimmer langweilt er sich so!" sagt Jan-Arne. „Er sitzt auch ganz still auf meinem Schoß!"
Und King-Kong sitzt wirklich ganz still in Jan-Arnes hochgerolltem Pullover wie in einem warmen Nest. Nicht mal fiepen tut er.
„Nun ist es aber gut!" sagt Papa. „Ich habe nichts dagegen gesagt, daß er in deinem Zimmer in seiner Kiste hockt. Ich beschwere mich nicht mal mehr über diesen muffigen Geruch. Und neulich bin ich morgens beim Aufstehen fast auf ihn getreten, und seine Haufen setzt er uns auch überall in die Wohnung. Aber beim Essen hat er nichts zu suchen! Da lasse ich nicht mit mir reden! Überhaupt nicht!"
Jan-Arne guckt Mama an, aber die schüttelt nur stumm den Kopf. Diesmal hilft sie ihm auch nicht.

„Dann eben nicht!“ sagt Jan-Arne böse.
„Komm mit, King-Kong! Dann mußt du eben einsam und verlassen sein wegen dem ollen Tierquäler!“
Aber das sagt er nur ganz leise, als er schon fast in seinem Zimmer ist. So furchtbar wütend machen will er Papa ja nicht.

2.

Als Jan-Arne in die Küche zurückkommt, sind Mama und Papa schon fast mit dem Essen fertig. So lange hat er in seinem Zimmer noch mit King-Kong gespielt. Sollen sie doch ruhig merken, daß er böse ist.

„Hände waschen!“ sagt Papa. „Du weißt ganz genau, wenn du mit King-Kong gespielt hast und zum Essen kommst . . .“

„Ja, ja, ja!“ sagt Jan-Arne. „Weiß ich doch.“ Und er geht zum Wasserhahn.

„Dann wird es ja gar nicht so teuer!“ sagt Mama am Tisch zu Papa. „Dann könnten wir ja wirklich fahren!“

„Eben!“ sagt Papa. „Nur die Benzinkosten. Auf dem Platz verpflegen wir uns selbst. Und für den Wagen will Thomas auch so gut wie nichts. Doch, klar, das können wir uns leisten.“

„Was können wir uns leisten?“ fragt Jan-Arne. Noch länger böse sein lohnt jetzt nicht mehr. Mama und Papa merken es ja doch nicht.

„Was können wir uns leisten, Papa, sag doch mal!“
„Urlaub machen“, sagt Papa. „Onkel Thomas leiht uns für zwei Wochen seinen Wohnwagen an der Ostsee. Wir fahren gleich, wenn die Ferien anfangen.“
„Yippiehh!“ schreit Jan-Arne und saust zur Wohnungstür. „Tataa, tataa, tataaa!“
„Jan-Arne!“ ruft Mama. „Wo willst du hin?“

„Zu Michi!“ sagt Jan-Arne und reißt die Kette von der Tür. „Erzählen!“
„Dein Abendbrot!“ sagt Mama. „Jan-Arne!“
Aber Jan-Arne hat schon die Tür hinter sich zugeknallt. Das muß er Michi erzählen, unbedingt. Jede Wette, daß Michi nicht verreist. Da wird der aber neidisch sein. Und wo er immer so gemein zu Jan-Arne ist, ist Jan-Arne das auch ganz recht.
Er drückt auf den Fahrstuhlknopf und fährt zu Michi nach oben.

3.

„Zu spät für Besuch!“ sagt Michi, als er Jan-Arne die Tür aufmacht. „Du kannst nicht mehr rein! Wir essen Abendbrot!“
„Wir auch!“ sagt Jan-Arne. Rein will er ja auch gar nicht. „Wir verreisen! An die Ostsee!“
„Pööööh!“ sagt Michi. „Na und?“
„An die *echte* Ostsee!“ sagt Jan-Arne. „Und da wohnen wir in einem Wohnwagen, und der steht auf dem Campingplatz, und da schlafen wir drin, und es gibt sogar ein Klo!“
„Pööööh!“ sagt Michi wieder. „Klo, haha! Klo haben wir auch, Mensch! Dafür muß ich nicht an die Ostsee fahren!“
„Im Wohnwagen!“ sagt Jan-Arne. „Im Wohnwagen ist das Klo, und ein Wassertank ist unten drunter . . .“
„Iii, wie doof!“ sagt Michi. „Iii, ein Stinkeklo im Wohnwagen! Da will ich gar nicht hin, wo das so stinkt!“
„Gar nicht stinkt es da!“ sagt Jan-Arne.

„Wenn wir verreisen, dann fliegen wir mit dem Flugzeug nach Amerika, Mensch, zu den Cowboys und alles und zu den Indianern ...“ sagt Michi.
„Gar nicht wahr!“ sagt Jan-Arne.

„Michael!“ ruft Michis Mutter aus der Küche. „Wird's jetzt bald?“
„Wohl wahr!“ sagt Michi. „Solchen Scheißurlaub im Stinkewohnwagen wollen wir gar nicht! Da bleiben wir lieber zu Hause, Mensch!“
„Michael!“ ruft Michis Mutter.
„Komm ja schon!“ ruft Michi. Und zu Jan-Arne sagt er noch: „Und was machst du dann mit King-Kong? Der verhungert dir ja hier, Mensch! Und Tiere sind beim Camping nicht erlaubt!“
„Bei unserem Camping schon!“ sagt Jan-Arne. Aber da hat Michi schon die Tür zugemacht. Und Jan-Arne geht ganz langsam zu Fuß die Treppe runter. Den offenen Fahrstuhl läßt er stehen. Jetzt muß er in Ruhe nachdenken. Wenn Michi nun recht hat? Wenn man wirklich keine Meerschweinchen mit zum Campingplatz nehmen darf?
Dann bleibt Jan-Arne lieber auch zu Hause. Ohne King-Kong fährt er jedenfalls nicht. Und das wird er Papa auch sagen.

4.

„Jan-Arne!“ sagt Mama, als Jan-Arne die Wohnungstür aufreißt. „Du kannst doch nicht einfach ...“
„Dürfen Tiere da mit hin?“ fragt Jan-Arne und läßt sich wieder auf seinen Küchenstuhl plumpsen. „Sonst geh ich auch nicht!“
„Wohin?“ fragt Papa und tut den Deckel auf die Butterdose. „Zu spät, Herr Sohn! Abendbrot verpaßt.“
Das ist Jan-Arne ganz egal. Hunger hat er sowieso keinen.
„Zum Campingplatz!“ sagt Jan-Arne. „Ob da King-Kong mitdarf! In den Wohnwagen!“
„King-Kong?“ fragt Mama und guckt Papa an. „Ich glaube nicht, Schatz. Tiere sind beim Camping, glaube ich, nicht erlaubt. Daran hab ich ja noch gar nicht gedacht!“
„Erlaubt oder nicht, der kommt nicht mit!“ sagt Papa. „Wenigstens im Urlaub will ich meine Ruhe vor dem Schwein! Daß das mal klar ist!“
Mama guckt Papa erschrocken an. „Aber das

ist doch alles gar kein Problem!“ sagt sie schnell. „Bestimmt nimmt Michi ihn gerne in Pflege. Der wünscht sich doch schon so lange ein Tier! Bei ihm hat King-Kong es ganz bestimmt gut.“
Jan-Arne starrt Mama an. Er hätte es sich ja denken können. Von Michi hat Mama keine Ahnung und von King-Kong noch viel weniger.
„Da kriegt der doch Heimweh wie nix!“ schreit Jan-Arne.
Und dann rennt er zu King-Kong ins Kinderzimmer. Es ist so gemein, daß sie einem immer alles vermiesen müssen. Sogar die schönsten Sachen. Ohne King-Kong ist Urlaub überhaupt nicht mehr schön.

5.

„Bist du soweit, Schatz?“ ruft Mama aus dem Schlafzimmer. Ganz fröhlich klingt ihre Stimme. Heute soll der Urlaub losgehen.
„Ja-ha, glei-heich!“ rufen Papa und Jan-Arne gleichzeitig. Wenn Mama „Schatz“ sagt, weiß man nie, wer gemeint ist.
„Dann bring jetzt King-Kong rauf zu Michi“, ruft Mama, und daran merkt man, daß sie mit Jan-Arne spricht. „Es muß doch nicht immer alles in der letzten Minute passieren!“

„Ich geh ja schon", sagt Jan-Arne. Den Meerschweinchenkäfig mit dem Häuschen und der Futterraufe kann er kaum alleine tragen. Aber was sein muß, muß sein. Sonst werden Mama und Papa noch mißtrauisch.
„Schön, daß du ihn jetzt doch so lieb weggibst", sagt Mama und kommt sogar noch mal extra aus dem Schlafzimmer auf den Flur. „Wo du doch die ganze Zeit gemault hast deswegen. Wenigstens verabschieden will ich mich von King-Kong."
Aber King-Kong ist nicht zu sehen. Niemand zupft am Heu in der Raufe, und niemand nuckelt an der Trinkflasche.
Jan-Arne guckt auf den Boden. „Der ist in seinem Häuschen", murmelt er. Hochgucken tut er lieber nicht.
„Ach, Jan-Arne, mein Schatz!" sagt Mama und strubbelt ihm schnell durchs Haar. „Du kriegst ihn doch wieder! Sei doch deswegen nicht so traurig! Michi sorgt bestimmt bestens für ihn."
„M-hm", sagt Jan-Arne. Aber hochgucken tut er immer noch nicht. Sonst merkt Mama noch,

daß er sich *darum* keine Sorgen macht. Überhaupt keine.
Mama klopft zweimal auf das Dach von King-Kongs Häuschen. „Wiedersehen, Schweinefrau!“ sagt sie. „Und schönen Urlaub auch. In zwei Wochen sehen wir uns wieder.“ Dann hält sie Jan-Arne die Tür auf und streichelt ihm noch einmal über den Rücken. „Ich bin ganz stolz auf dich, mein Schatz“, sagt Mama. „Ein schneller Abschied ist immer am schmerzlosesten.“

6.

Oben macht Michi selber die Tür auf. „Na?“ sagt er und greift schon nach dem Käfig. „Gib her, Mensch! Ich hab schon mein Regal leer geräumt!“
Jan-Arne hält den Käfig fest.
„Es ist leider was dazwischengekommen“, sagt er. Michi kann er jetzt genausowenig angucken wie vorher Mama. „Leider, du, Michi.“
„Dazwischen, Mensch?“ sagt Michi und starrt auf den Käfig. „Wieso denn, Mensch, gib doch mal her! Da ist er doch!“
„Leider, ja, also, Michi“, sagt Jan-Arne. Den Käfig hält er ganz fest. „Er kommt nämlich jetzt doch mit zum Camping. Es ist nämlich jetzt doch erlaubt. Ganz plötzlich.“ Und er hofft, daß Michi nicht mit der Hand in den Käfig greift und im Häuschen nach King-Kong sucht.
„Ganz plötzlich, Mensch?“ sagt Michi. „Du spinnst wohl! Das kann ja gar keiner ganz

plötzlich erlauben!"
„Kann er doch!" sagt Jan-Arne verzweifelt. Wenn sie hier so lange stehen, kommt vielleicht Michis Mutter, und dann wird das Erklären noch schwieriger. „Kann er wohl! Der Bundeskanzler kann das! Nämlich!"
Und er ist ganz stolz, daß ihm das so schnell eingefallen ist. Der Bundeskanzler kommt manchmal im Fernsehen, und dagegen kann Michi gar nichts sagen.
„Dann hau doch ab mit deinem Stinkeschwein!" schreit Michi. „Zu deinem Stinkwohnwagen, Mensch!" Und er donnert die Tür zu, daß es scheppert.
Jan-Arne steigt ganz schnell in den Fahrstuhl. Lange kann er den großen Käfig nicht mehr tragen. Aber eine Sache muß er unbedingt noch erledigen, dann kann der Urlaub losgehen.
Ganz oben steigt Jan-Arne aus. Er guckt sich vorsichtig um, ob ihn auch keiner beobachtet. Aber hier oben wohnt kein Mensch mehr. Nur die eiserne Bodentür ist hier, und da stellt

Jan-Arne jetzt den Käfig auch hin.
Natürlich kann es sein, daß den jetzt jemand klaut, wenn Jan-Arne verreist ist. Oder daß die anderen Leute im Haus wütend werden, wenn da zwei Wochen lang ein leerer Meerschweinchenkäfig steht, und keiner holt ihn ab. Aber das ist dann leider so. Das kann Jan-Arne nicht ändern.

7.

„Na, mein Schatz?“ sagt Mama, als Jan-Arne ohne den Käfig wieder nach unten kommt. Sie steht schon fertig angezogen im Flur.
„Na?“ sagt Jan-Arne auch. Er will schnell an Mama vorbei in sein Zimmer gehen. Aber Mama hält ihn fest.
„Ich weiß ja, wie schwer es dir gefallen ist, Jan-Arne“, sagt sie. Und sie will ihn ganz fest drücken.

Aber Jan-Arne macht sich los.
„Ich muß noch meine Autos holen“, sagt er und verschwindet in seinem Zimmer.
Unter dem Bett steht der Eisenbahnkasten, da ist ein zerknüllter Schlafanzug drin.
Obendrauf liegen einsam und verloren drei kleine Autos und wackeln ein bißchen. Ganz von alleine. Wie von Geisterhand.
„Sei lieb, King-Kong, bitte sei lieb!“ flüstert Jan-Arne beschwörend.
Er kann nur hoffen, daß jetzt alles gutgeht.

8.

Die Fahrt an die Ostsee ist ganz schön weit. Sie haben Onkel Thomas am Wochenende schon mal in seinem Wohnwagen besucht, darum weiß Jan-Arne auch, wie lange es dauert.
Aber damals hatte er natürlich nicht die ganze Zeit den Eisenbahnkasten auf dem Schoß.
„Setz doch den dummen Kasten ab, Schatz“, sagt Mama. „Nur weil im Kofferraum kein Platz mehr dafür war, mußt du ihn doch nicht die ganze Zeit auf dem Schoß haben!“
„Och, macht mir doch nix“, sagt Jan-Arne und krault unter dem Schlafanzug vorsichtig King-Kongs Fell. Bis jetzt hat King-Kong noch nicht mal gefiept. Noch kein einziges Mal.
Jan-Arne hat keine Ahnung, was auf dem Campingplatz mit King-Kong werden soll. Aber da wird ihm schon was einfallen.
Hauptsache, er hat ihn erst mal hingeschmuggelt! Hauptsache, Michi hat ihn nicht die ganze Zeit. Nachher gewöhnt

King-Kong sich noch an den, und dann weiß er vielleicht gar nicht mehr, wessen Schwein er eigentlich ist. Nein, nein, es war schon ganz unbedingt nötig, King-Kong zum Camping zu schmuggeln.
Aber das hat er zu früh gedacht.
„Idiot!" brüllt Papa und tritt mit Wucht in die Bremsen. Jan-Arne wird in seinem Gurt vor- und wieder zurückgeschleudert, und sein Kopf donnert hinten gegen die Oberkante vom Sitz.

„Wo haben Sie denn fahren gelernt?“ schreit Papa. Er hat vorne das Fenster heruntergekurbelt und droht mit der Faust einem Mann im roten Porsche. Aber der fährt schon mit einem Affenzahn weg.
„Das war ja wirklich knapp, Liebling“, sagt Mama und legt Papa die Hand aufs Bein. „Ein Glück, daß du so schnell reagiert hast!“
„Ein Glück, ein Glück!“ sagt Papa. „Wir könnten jetzt alle tot sein! Und bloß wegen dem Blödmann da! Weil der nicht weiß, wie ein Stop-Schild aussieht!“ Aber ein bißchen ruhiger klingt Papa jetzt schon.
Dann dreht er sich zu Jan-Arne nach hinten.
„Bei dir alles okay?“ fragt Papa.
Aber Jan-Arne starrt ihn nur an. Alles okay, das wäre ja schön. Aber leider ist es nicht ganz so einfach.
Vor ihm auf dem Boden liegt umgekippt der Eisenbahnkasten. Drei kleine Autos und ein Schlafanzug liegen daneben, und unter Papas Sitz hört man es ängstlich fiepen.
„Nicht weiterfahren, halt!“ schreit Jan-Arne.

Wer weiß denn, was passiert, wenn Papa jetzt plötzlich losfährt? Und wenn King-Kong ihm vor lauter Schreck zwischen die Füße krabbelt?
Da kann doch keiner sagen, ob Papa dann nicht vor Schreck das Gaspedal mit der Bremse verwechselt. Und das kann ganz schrecklich gefährlich werden.
„Nicht weiterfahren, Papa, halt!" schreit Jan-Arne. „King-Kong ist unter deinem Sitz!"

9.

„Aber eins sag ich dir, mein Sohn!“ sagt Papa. „Eins sag ich dir . . .“
„Nun laß doch, Schatz“, sagt Mama und streicht Papa über den Arm. „Jan-Arne wollte ja nur . . .“
Sie sitzen auf dem Randstreifen am Straßengraben. Jan-Arne hat King-Kong auf dem Schoß und füttert ihn mit Löwenzahn und Wegerichblättern.
„Der Junge kann froh sein, wenn ich das Vieh nicht sofort schlachte!“ sagt Papa. „Einmal vierzehn Tage ohne das Schwein wollte ich sein! Und nun ist es wieder dabei!“
„Das geht auch wirklich nicht, Jan-Arne!“ sagt Mama leise. An ihrer Stimme kann Jan-Arne hören, daß sie es ernst meint.
„Zum Zurückfahren ist es zu spät“, sagt Papa. „Jetzt, wo wir fast da sind. Wir müssen uns eben was anderes einfallen lassen. Und verlaß dich drauf, das werden wir auch!“
Das klingt nicht gut. „Ja, Papa?“ flüstert

Jan-Arne. Und diesmal kann er sogar verstehen, daß Papa wütend ist. Er muß gut aufpassen, daß King-Kong nichts passiert.

10.

Der Campingplatz ist wunderschön. Viele, viele Wohnwagen mit Vorzelt und Blumentöpfen stehen in ordentlichen Reihen, und wenn man über eine kleine Straße geht, ist man gleich am Wasser. Aber nicht an so einem langweiligen Strand mit Strandkörben und Sonnenschirmen!
Zu einem richtigen Bootshafen kommt man, mit Segelbooten und Motorbooten, und sogar ein paar Fischerboote gibt es da.
Jan-Arne sitzt auf einem von diesen komischen Eisenknubbeln, an denen die Boote festgemacht werden, und guckt ins Wasser. Wenn er hochguckt, hört das Wasser überhaupt nicht mehr auf. Genau bis zum Himmel geht es, und wo Wasser und Himmel zusammentreffen, heißt es Horizont.
„Ach, King-Kong, du!“ flüstert Jan-Arne.
King-Kong hockt wieder im hochgerollten Bündchen von seinem Pullover und schnurrt.
„Du weißt ja gar nicht, was los ist, King-Kong!

Wegschaffen wollen sie dich, die wollen nicht, daß du mit uns Urlaub machst!“
Aber King-Kong schnurrt immer nur weiter, und daran merkt man, daß er nichts versteht.
„Mit wem sprichst du denn da?“ sagt plötzlich jemand neben Jan-Arne.
Jan-Arne guckt hoch. Neben ihm steht ein Mädchen, das hat verwuselte Haare und eine Zahnlücke und ein T-Shirt mit Anker drauf. Und kleiner als er ist es auch.

„Bist du ein Fischermädchen?“ fragt Jan-Arne aufgeregt.
Das Mädchen tippt sich an die Stirn. „Ich bin doch Liane!“ sagt es energisch. „Uns gehört der große Wohnwagen in der letzten Reihe! Mit den Geranien!“
„Ach so“, sagt Jan-Arne. Das ist schade. Dann kann er auch gleich weiter mit King-Kong reden.
„Zur Schule komm ich auch“, sagt Liane. „Gleich nach den Ferien!“
So ein Baby! denkt Jan-Arne. „Da geh ich schon ewig hin“, sagt er. „Babykram!“
„Ja, ehrlich?“ sagt Liane begeistert. „Ewig schon? Und mit wem hast du eben geredet? Zeig mal!“
Jan-Arne rollt langsam den Pullover herunter. Schließlich kann er ihr King-Kong genausogut zeigen.
„Ist der aber süß!“ ruft Liane. „Was ist das denn? Ein ausländisches Tier?“
Jan-Arne starrt Liane böse an. „Das ist King-Kong!“ sagt er. „Der ist nicht

ausländisch. Mein Meerschweinchen ist das!"
„Ehrlich wahr?" sagt Liane. Sie hat sich vor Jan-Arne hingekniet und fängt schon an, King-Kong zu streicheln. „Tiere sind auf dem Campingplatz verboten, du! Die darf man da nicht haben."
„Weiß ich doch alles", sagt Jan-Arne wütend. „Weiß ich längst!"
„Und was machst du dann mit ihm?" fragt Liane. „Darf ich ihn mal halten? Ich laß ihn auch bestimmt nicht fallen!"
Jan-Arne guckt sie an. Natürlich ist sie noch ziemlich klein. Aber doof sieht sie trotzdem nicht aus.
„Sei bloß vorsichtig!" sagt Jan-Arne und gibt ihr King-Kong auf den Schoß.
„Och, wie süß!" sagt Liane mit ganz hoher Stimme. Mit einer Hand hält sie King-Kong fest, mit der anderen krault sie ihn am Hals. „Och, jetzt hat er mich naß gepieschert! Warum macht er das?"
„Weil er dich nicht kennt", sagt Jan-Arne verlegen. Es ist ihm immer ein bißchen

peinlich, wenn King-Kong andere Leute anpinkelt. „Da hat er Angst. Und dann macht er das eben."
„Weil er Angst hat?" fragt Liane verblüfft. „Darum pieschert er? Ach, du armes Schweinchen, ich tu dir doch nichts." Und sie

krault King-Kong weiter, als wäre nichts gewesen.
Jan-Arne guckt Liane an. Sie ist wirklich nicht so blöde wie Michi. Nicht mal geekelt hat sie sich. Und dabei ist ihr T-Shirt vorne ganz schön naß.

Da kann er es ja vielleicht mal mit ihr versuchen.
„Ich weiß nämlich überhaupt nicht, was ich jetzt mit King-Kong machen soll", sagt Jan-Arne. Und dann erzählt er ihr die ganze Geschichte.

11.

„Verstecken mußt du ihn“, sagt Liane und hebt King-Kong vor ihr Gesicht. Mit ihrer Nase rubbelt sie an seiner Nase. „Och, ist der süß! Den müssen wir verstecken, oder? Dann finden sie ihn nicht. Dann ist er sicher.“
Jan-Arne nickt. Das hat er sich auch schon gedacht.
„Und was sagen wir meinen Eltern?“ fragt er.
Liane runzelt die Stirn. Richtig nachdenklich sieht sie aus. Gar nicht wie eine, die noch nicht mal in die erste Klasse geht.
„Ertrunken!“ sagt sie. „Du! Er ist dir ins Wasser gefallen. Das glauben Eltern glatt. Du mußt nur ein bißchen weinen. Kannst du weinen?“
Jan-Arne nickt. „Logisch“, sagt er.
Liane steht auf. King-Kong rollt sie jetzt einfach unten in ihr T-Shirt. „Dann komm man mit“, sagt sie. „Wir suchen ihm jetzt ein Versteck.“

12.

Zuerst geht die Straße immer am Wasser entlang, aber dann macht sie einen Knick. Nun laufen die beiden schon ganz lange, und King-Kong tragen sie immer abwechselnd.
„Hier gibt's ja gar keine Verstecke!" sagt Jan-Arne maulig. Es wird langsam ein bißchen dämmerig, und wenn es ganz dunkel wird, kriegt er bestimmt Angst. Rechts und links sind nur Wiesen mit Kühen drauf und ab und zu ein Maisfeld. Häuser haben sie noch überhaupt keine gesehen.
„Wenn es nun dunkel wird?" fragt Jan-Arne.
Liane zuckt die Achseln. „Wird es noch lange nicht", sagt sie. Und in dem Moment sehen sie das Haus.
Es ist genau so ein Bauernhaus, wie Bauernhäuser aussehen müssen, aus roten Steinen und mit Pferdeköpfen über dem Giebel. Und mit einer Scheune daneben und einem Schuppen, und auf dem Hof steht ein Gerät, das vielleicht ein Mähdrescher ist. So

genau kennt Jan-Arne sich nicht aus.
„Da kommst du jetzt hin, King-Kong“, flüstert er und gibt Liane ein Zeichen, daß sie sich ducken soll. „Dann kann Papa dich bestimmt nicht mehr schlachten!“
„So gemein ist der?“ fragt Liane erschrocken. „Oh, das ist ja der Hof, wo Mama immer die Eier kauft. Aber mit dem Rad. Das geht schneller.“

„Pssst, verflixt noch mal, leise, Mensch!“ sagt Jan-Arne. Natürlich sind sie noch ziemlich weit weg vom Hof, aber man kann ja nicht wissen, wie gut die da hören. Oder ob sie einen Wachhund haben. „Wir müssen uns anschleichen!“
„Ehrlich?“ fragt Liane. „Wie die Indianer?“
Jan-Arne nickt. „Glaubst du, die haben Schweine?“ fragt er.
Liane schleicht jetzt ganz gebückt neben ihm. „Kühe“, flüstert sie. „Und Hühner. Und Kaninchen. Bei mir raschelt aber immer das Gras! Du bist sowieso zu laut!“
Jan-Arne zuckt die Achseln. „Wir brauchen Schweine“, sagt er. „Zu den Schweinen soll King-Kong, da fühlt er sich wohl, das sind seine Verwandten.“
„Zu den Schweinen?“ flüstert Liane. „Mal sehen, ob die welche haben. Hier geht es rein.“
Sie stehen geduckt hinter einer dichten Fliederhecke. Noch drei Schritte, dann sind sie am Tor.

Auf dem Hof ist alles ruhig. Man hört keine Menschen und keinen Hund. Nicht mal aus den Ställen kommen Kuhgeräusche, weil die Kühe jetzt im Sommer alle auf der Weide sind.
„Los!“ flüstert Jan-Arne. King-Kong hält er mit beiden Händen ganz fest. „Ich renn zuerst, und du bleibst immer dicht hinter mir, okay?“
„Okay“, sagt Liane.
Genau in dem Augenblick fängt der Hund an zu bellen.

13.

Jan-Arne macht einen Riesensatz, dann ist er am Schuppen. Er reißt die Tür auf und springt hinein. An seinem Bauch fiept King-Kong wie verrückt.
Durch das Schuppenfenster hat Jan-Arne den Hund genau gesehen. Er ist riesengroß und schwarz und nicht mal an der Kette.
Liane! denkt Jan-Arne erschrocken. Wenn die jetzt nach ihm auf den Hof kommt, wirft der Hund sie bestimmt um. Ein Glück, daß sie King-Kong nicht mehr hat. Wer weiß denn, ob solche schwarzen Hunde nicht sogar Meerschweinchen fressen!
Aber von Liane ist nichts zu sehen.
„Wir haben Glück gehabt, King-Kong", flüstert Jan-Arne und streichelt King-Kong den Rücken. „Wir beiden warten hier jetzt, bis der Hund aufhört zu bellen. Irgendwann muß er ja schlafen. Und dann suchen wir einfach den Schweinestall. Und dann kommst du zu deinen Verwandten. Und dann hast du auch

Urlaub, King-Kong, sollst du mal sehen."
Aber dazu kommt es nicht. Weil nämlich jetzt die Haustür aufgeht und ein Mann herauskommt.
„Hierher, Pascha!" sagt der Mann. „Was ist denn los! Hast du einen Einbrecher erwischt?"
Und er lacht und klopft Pascha den Rücken.
Aber Pascha hört nicht auf zu bellen. Er springt zum Schuppen zurück, immer hin und her.

„Na, dann will ich mal nachgucken, was du gefunden hast, Pascha“, sagt der Mann. „Aber wenn du dich wieder nur über eine Maus geärgert hast, kriegst du morgen kein Frühstück.“ Und er geht zum Schuppen und legt die Hand auf die Klinke.
Hilfe! denkt Jan-Arne und duckt sich unter dem Fenster. Lieber, lieber Gott, bitte, bitte, laß ihn mich nicht finden! Ich will auch nie

mehr schlechte Wörter sagen und immer nett zu Michi sein!
Aber trotzdem geht jetzt die Schuppentür auf, und von draußen fällt Licht herein. Genau auf Jan-Arne und King-Kong fällt es, wie sie da am Boden hocken, und Jan-Arne hat den Kopf in den Armen versteckt.
„Na, da haben wir ja den Einbrecher“, sagt der Mann und faßt Jan-Arne am Arm.

14.

Der Mann ist fast doppelt so dick wie Papa und hat eine ziemlich schmutzige Hose an. Und sein Hemd ist auch schmutzig. Papa würde bestimmt nie so rumlaufen.

„Und nun erklärst du mir mal schön, was du in meinem Schuppen wolltest“, sagt der Mann und schiebt Jan-Arne nach draußen. „Am besten ein bißchen fix, Sohn!“

Auf dem Kopf hat er eine komische grüne Mütze, die sieht Jan-Arne jetzt erst. Solche Mützen haben Bauern auf, daran kann man sie erkennen.

„Schweine suchen“, flüstert Jan-Arne und guckt nach unten.

„Schweine suchen?“ fragt der Bauer. „In meinem Schuppen?“ Er starrt Jan-Arne an, und dann sieht er King-Kong. „Und wer um Himmels willen ist denn das?“

„King-Kong“, flüstert Jan-Arne. „Wegen dem ist das doch! Ich hab sie ja für King-Kong gesucht.“

Da geht im Haus ein Fenster auf. Eine Frau mit Küchentuch in der Hand beugt sich nach draußen.

„Was ist denn los, Heini?“ ruft sie. „War doch was?“

Der Bauer nimmt seine Hand von Jan-Arnes Schulter und dreht sich um.

„Komm mal rüber, Erika!“ ruft er, und seine Stimme klingt eigentlich ganz vergnügt. „Hier ist ein King-Kong auf der Suche nach Schweinen!“

15.

Aber zum Glück kommt nicht nur die Frau. Das hätte Jan-Arne sich ja denken können, daß Liane ihn nicht im Stich läßt! Und wenn der Hund noch so gefährlich bellt. Ganz mutig kommt jetzt Liane über den Hof gelaufen. Sie guckt sehr energisch.
„Guten Tag", sagt sie und hält dem Bauern

die Hand hin. Dann macht sie einen ganz echten Knicks.
So was hat Jan-Arne bisher nur im Fernsehen gesehen, aber dem Bauern gefällt es gut.
„Donnerwetter!“ sagt er und schüttelt Lianes Hand. „Gehörst du auch dazu? Willst du auch im Schuppen nach Schweinen suchen? Für King-Kong?“
Liane schüttelt den Kopf. „Im Schuppen doch nicht!“ sagt sie. „Im Stall! Der Schuppen war doch nur wegen dem Hund!“
„Ach so, ja natürlich“, sagt der Bauer. Aber er macht ein Gesicht, als ob er nichts versteht. „Holst du hier nicht sonst manchmal Eier?“
Liane macht noch einen Knicks. „Mit meiner Mutter“, sagt sie. „Ich bin doch Liane!“
„Ach ja, Liane“, sagt der Bauer. „Aber heute abend wolltest du keine Eier holen. Heute abend wolltest du Schweine.“
„Nein!“ sagt Liane ärgerlich und schüttelt den Kopf. „Doch nicht *holen*!“
Und dann erklärt sie dem Bauern die ganze Geschichte. Und Jan-Arne nickt dazu.

16.

„Gott, süß ist er ja, Heini“, sagt die Bäuerin fünf Minuten später. Sie hat King-Kong auf dem Schoß und krault ihn hinter den Ohren. Sie sitzen alle in der Bauernhausküche, und Jan-Arne und Liane haben ein Glas Brause vor sich stehen. Leider sieht die Küche kein bißchen aus wie im Bilderbuch. Sie hat weiße Einbaumöbel aus Plastik und einen Elektroherd und eine Geschirrspülmaschine. Nur viel größer ist sie als Mamas Küche zu Hause.

„Sagen Sie nicht der Polizei Bescheid?“ flüstert Jan-Arne. Er hat bisher noch gar nichts gesagt. Brause trinken ist ja gut und schön, aber wer weiß, was der Bauer hinterher macht! Schließlich ist Jan-Arne doch ein Einbrecher. Das hat der Bauer selber gesagt. Da haben wir ja den Einbrecher, hat er gesagt, und mit Jan-Arne hat er überhaupt noch nicht geredet. Nur immer mit Liane. Aber der Bauer hat ihn gar nicht gehört.

„Da habt ihr ja noch mal Glück gehabt, daß

ihr keinen Schweinestall gefunden habt!“ sagt er. „Die Schweine hätten eure kleine Sau da doch ganz schnell totgetrampelt! Schweine sind nervöse Tiere, müßt ihr wissen.“
„Ja, ehrlich?“ fragt Liane. „Aber wo soll King-Kong denn sonst hin? Auf dem Campingplatz ist er verboten!“
Der Bauer nickt, und die Bäuerin krault King-Kong weiter am Ohr.

„Zu den Kaninchen?“ sagt sie ganz plötzlich. „Heini, meinst du, wir können ihn zu den Kaninchen stecken? Die lassen ihn doch wohl in Frieden, was meinst du?“

Der Bauer nickt. Dann stützt er die Hände auf die Oberschenkel und steht auf.

„Wollen wir gleich mal gucken“, sagt er.

17.

Als der Bauer Jan-Arne und Liane am Campingplatz absetzt, ist es schon richtig dunkel geworden.
„Na, dann tschüs“, sagt er und tippt sich an die Mütze. „Bis morgen denn. Ihr werdet ihn ja wohl besuchen wollen.“
Dann wendet er sein Auto und fährt wieder zurück.
Jan-Arne hatte gedacht, daß er sie vielleicht mit dem Trecker zurückfahren würde, aber daraus ist leider nichts geworden. Nur mit einem ganz normalen Mercedes hat er sie gebracht.
„Siehst du wohl“, sagt Liane zufrieden. „Und richtig gut hat er es da jetzt. Und ganz viel Gras und Heu und so viele Freunde zum Spielen.“
„Ja, das ist gut“, sagt Jan-Arne. Ein bißchen traurig ist er schon, daß er King-Kong jetzt nicht im Wohnwagen haben kann, aber er kann ihn ja jeden Tag besuchen. Und

King-Kong hat auch ganz zufrieden ausgesehen zwischen all den Kaninchen. Nicht mal von Jan-Arne verabschiedet hat er sich. Er hat sich gleich aufs Futter gestürzt.

18.

Auf dem Campingplatz ist ordentlich was los. Die Leute laufen durcheinander, und am Eingang steht eine Gruppe Männer mit Taschenlampen in der Hand.

„Auf alle Fälle muß ein Suchboot raus!“ sagt einer von ihnen.

„Wenn sie ertrunken sind, nützt das auch nichts mehr“, sagt ein anderer. „Die armen Eltern!“

„Ist die Polizei benachrichtigt?“ fragt noch einer.

„Oh, da sind Kinder verschwunden!“ sagt Liane zu Jan-Arne. „Das war schon mal! Wir dürfen bestimmt mit suchen helfen! Oder wenigstens aufbleiben!“

Jan-Arne nickt. „Ich hab eine Taschenlampe“, sagt er.

Aus dem Dunkeln kommt jemand auf ihn zugerannt. „Da seid ihr ja!“ ruft Mama. Sie sieht schrecklich aufgeregt aus. „Mein Gott, Jan-Arne!“ Und sie hockt sich auf den Boden

und nimmt ihn in den Arm, daß sie fast dabei umkippt.
„Natürlich sind wir da“, sagt Liane und guckt Mama merkwürdig an. „Was hast du denn gedacht?“
Dann geht ein Rennen und Rufen los, und Lianes Mutter nimmt Liane auf den Arm, und Liane strampelt und schreit, daß sie kein Baby ist, und dann fangen plötzlich alle an zu schimpfen.

„Was habt ihr euch denn dabei gedacht?“ fragt Papa, und er guckt gar nicht so glücklich wie die anderen. „Einfach stundenlang abzuhauen, und wir ängstigen uns hier zu Tode!“

Jan-Arne guckt auf seine Füße. Wenn Papa so laut schimpft, fällt ihm meistens nichts mehr ein.

Aber Liane, die hat nicht solche Angst vor Papa!

„Wo du ihn doch schlachten wolltest!“ sagt sie und guckt ganz streng zu Papa hoch. „Da mußten wir King-Kong ja wohl retten, oder? Wo du das doch gesagt hast!“
„Aber das hätte ich doch nie getan!“ sagt Papa erschrocken. „Das hab ich gesagt, weil ich ärgerlich war, aber ich hätte dem Schwein doch nichts getan!“
„Gesagt ist gesagt“, sagt Liane bestimmt.

„Sonst ist es gelogen. Siehst du. Du bist schuld“, und sie guckt Papa so strafend an, daß er gar nichts mehr sagt.
Nein, Liane ist bestimmt nicht doof, denkt Jan-Arne zufrieden. Und wenn King-Kong mal Junge kriegt, kriegt sie hundertprozentig eins ab. Bestimmt werden das noch richtig schöne Ferien mit ihr.
„Nun komm, ab ins Bett, Schatz“, sagt Mama. „Für den ersten Urlaubstag waren das genug Aufregungen! Wollen wir hoffen, daß es nicht so weitergeht.“ Und sie drückt Jan-Arne im Gehen ganz fest an sich.
Ja, das wollen wir wirklich hoffen, denkt Jan-Arne. Und morgen besucht er King-Kong auf dem Bauernhof. Mit Liane. Die kann dann ja gleich Eier kaufen.
„Glaubst du, King-Kong kriegt vielleicht Junge von einem Kaninchen?“ fragt Jan-Arne, als Mama ihn in seinem Wohnwagenbett zudeckt. „Glaubst du, die haben dann lange Ohren? Glaubst du, das sind dann Schweinekaninchen?“

„Das glaube ich ganz sicher nicht, mein Schatz“, sagt Mama und gibt ihm einen Kuß auf die Stirn.
Aber man kann ja mal abwarten, denkt Jan-Arne.
Alles wissen die Großen schließlich auch nicht. Von draußen kommen Campingplatz-Abendgeräusche. Jan-Arne macht die Augen zu.

Mehr über Jan-Arne und King-Kong könnt ihr lesen in
King-Kong, das Geheimschwein

Einbandgestaltung: Manfred Limmroth
Titelbild und Illustrationen: Silke Brix-Henker
Satz: R. Himmelheber & Co., Hamburg
Herstellung: Ebner Ulm
Printed in Germany 1991

ISBN 3-7891-1000-0

SONNE · MOND · UND · STERNE

Die Oetinger Kinderbuch-Reihe

Cora Annett
Armer Esel Alf

Gunilla Bergström
Guten Tag, Herr Zauberer

Kirsten Boie
King-Kong, das Geheimschwein

King-Kong, das Reiseschwein

Erhard Dietl
Die Olchis sind da

Elfie Donnelly
Willi, Tierarzt für Kinder

Die getauschten Eltern

Das Weihnachts-mädchen

Eva Eriksson
Stefans neue Jacke

Weg da, wir kommen!

Lilo Fromm
Zottel und der Rabe

Hallo, Zottel! Hallo, Rabe!

Ursula Fuchs
Eine Schmusemaschine für Jule

Sonntag ist Tina-Sonntag

Herbert Günther
Ole und Okan

Eveline Hasler
Ottilie Zauberlilie

James Krüss
Florian auf der Wolke

Angelika Kutsch
Micki malt das Meer

Astrid Lindgren
Lotta zieht um

Pippi plündert den Weihnachtsbaum

Barbro Lindgren-Enskog
Ein Schwesterchen für Kalle

Die Geschichte vom kleinen Onkel

Boy Lornsen
Tim Träumer

Paul Maar
Die Eisenbahn-Oma

Das kleine Känguruh auf Abenteuer

Das kleine Känguruh lernt fliegen

Tier-ABC

Die vergessene Tür

Der verhexte Knödeltopf

Erwin Moser
Paulis Traumreise

Christine Nöstlinger
Geschichten vom Franz

Neues vom Franz

Schulgeschichten vom Franz

Neue Schulgeschichten vom Franz

Feriengeschichten vom Franz

Krankengeschichten vom Franz

Ein Kater ist kein Sofakissen

Hans Peterson
Als wir eingeschneit waren

Am liebsten möchte ich Gänseblümchen essen

Jo Pestum
Das kleine Mädchen und das große Pferd

Margret Rettich
Stoffels Zettelkram

Margret und Rolf Rettich
Vom Angeberfrosch und anderen Tieren

Von ruppigen, struppigen Seeräubern

Teddy-Krimi

Wie Ostern doch noch schön wurde

Renate Welsh
Das kleine Moorgespenst